AF555016

Mathe für Alle
(sogar diese Vier)
Mark Hansen

Übersetzt von Barbara Schindelhauer

TBR Books
New York • Paris

Es war eine schöne Erfahrung, dieses Buch zu schreiben, auch weil es mir die Augen dafür geöffnet hat, was alles dazu gehört. Ich danke allen Menschen, die beigetragen haben, besonders Gisela, Eunjoo und Fabrice, der an die Geschichte glaubte. Danke an das gesamte Team von CALEC/TBR Books, einer großartigen Organisation, die sich einer sehr wichtigen Aufgabe widmet. Danke auch an diejenigen, die Korrektur gelesen oder Rückmeldungen gegeben haben.

Danke an alle Mathematik Pädagogen, deren Arbeit ich positiv beeinflusst habe, besonders diejenigen, die ich persönlich treffen und/oder mit ihnen arbeiten durfte sowie an die vielen großartigen Online Communities. Ein besonderer Dank an Dan Mayer für seinen Rat zu der Abbildung "Teaching Beliefs" auf den Seiten 16-17. Danke an meine Arbeitskollegen, die mich seit vielen Jahren unterstützen. Und natürlich danke ich insbesondere meiner Familie, die mich jeden Tag inspiriert.

Ich hoffe, dieses Buch ist ein Katalysator für viele gute mathematische Diskussionen und freue mich über Fragen oder Kontaktaufnahme über mathsclassrenos@outlook.com

– Mark Hansen

TBR Books / CALEC
ISBN 978-1-63607-416-0
Library of Congress 2023949866

Das sind Igel Hope, Papagei Mike,
Lama Leroy und Schildkröte Tia.

Die vier Freunde liebten es miteinander zu spielen. Sie kannten sich von klein auf und waren die allerbesten Freunde.

Die Freunde freuten sich riesig auf die Schule ...
Aber auf Mathematik und Rechnen hatten sie so gar keine Lust. Im Gegenteil, sie hätten gern darauf verzichtet.
Sie machten sich sogar große Sorgen, dass sie das nicht schaffen würden. Warum nur?

Igel Hope schimpfte: „Mama, wofür soll ich das überhaupt brauchen?“

Mama nickte: „Ich weiß, Mathematik und Rechnen ist nichts für uns.
In unserer Familie hat einfach keiner ein Mathe-Hirn. Rechnen macht uns ganz schwindelig.“

Mike dagegen fand Mathematik komplett einfach. „Pah“, hatte sein Vater gesagt, „Mathe ist eine Kleinigkeit. Hör nur genau zu, was der Lehrer sagt, der weiß es ja am besten, und dann plapperst du einfach alles nach.“

Lama Leroy war voller Ideen und liebte von ganzem Herzen Geschichten und Erzählen. Sein Opa meinte: „Leroy, ich weiß, du bist sehr klug. Aber Mathematik ist entweder richtig oder falsch, deshalb passt ihr einfach nicht zusammen.“

Tia Schildkröte schließlich war am unglücklichsten. „Wir sind einfach zu langsam für Rechnen“, erklärte ihr Onkel. „Die anderen werden immer die richtige Antwort schneller geben als wir.“

Endlich trafen sie ihre Lehrerin, die freundliche Frau Pinguin.

Oh nein - die allererste Stunde war ausgerechnet gleich Rechnen. Aber was war das? Statt Büchern gab es Bilder und ein wichtiges Gespräch.

Die freundliche Frau Pinguin lächelte, als die Freunde sorgenvoll stöhnten. „Es geht gar nicht um richtig oder falsch! Mathematik macht schlau und ist gut fürs Köpfchen.“

„Hope, sieh dich um. Mathematik ist überall und auch deine Mutter benutzt sie täglich, sogar beim Kochen.“

„Mike, in der Mathematik sind Fehler ganz normal, denn wir suchen nach Zusammenhängen. Es geht um viel mehr als auswendig wissen und perfekt aufsagen."

„Leroy, wenn du gern beobachtest und diskutierst, dann kannst du das hier auch, denn Mathematik ist eine sehr genaue Sprache.“

„Tia, mir ist am wichtigsten, dass du etwas wirklich verstehst. Glaube daran und vertraue darauf, dass jeder Mathematik kann.“

Was für ein Erfolg diese allererste Mathematikstunde war! Begeistert berichteten die vier Freunde zuhause davon und ihre Familien wurden ganz nachdenklich.

Die Freunde hatten verstanden, dass Mathematik die Sprache der Welt ist und zogen fröhlich los, alle anderen auch davon zu überzeugen.

GLAUBENSSÄTZE FÜR MATHEMATIK LEHRER

1. BEGEISTERTE LEHRER
= BEGEISTERTE SCHÜLER

2. SIE VERKNÜPFEN MEHRERE LEISTUNGSSTRÄNGE UND ENTWICKLUNGSSTUFEN

5. LEICHTER EINSTIEG, NACH OBEN OFFEN: SIE WÄHLEN EINEN PRAKTISCHEN AUSGANGSPUNKT UND GEHEN IM WEITEREN AUF DIE BEDÜRFNISSE DER SCHÜLER EIN.

6. SIE BITTEN DIE SCHÜLER ZU SPEKULIEREN UND WENN NÖTIG IHR DENKEN ANZUPASSEN.

3. SIE ERMÖGLICHEN IHREN SCHÜLERN, SELBSTVERTRAUEN, KREATIVITÄT UND KOMMUNIKATION ZU ZEIGEN.
4. SIE VERWENDEN AUTHENTISCHE PROBLEME, AKTUELLE MATHEMATISCHE GESCHICHTEN, FOTOS UND VIDEOS.
SIE FORDERN IHRE
CHÜLER AUF, EINE
RALLGEMEINERUNG,
IN MUSTER ODER
EINE REGEL
ZU FINDEN.
LEHRER
SCHÜLER
8. SIE GEBEN IHREN SCHÜLERN FEEDBACK UND NEHMEN UMGEKEHRT DEREN FEEDBACK AN.
9. SIE SIND
HILFSBEREIT

Mark Hansen

Mark Hansen hat 20 Jahre Erfahrung als Mathematiklehrer und als Konrektor. Er ist Vater von 4 Kindern und lebt in Australien. Lernen ist ebenso seine Leidenschaft, wie andere dafür zu begeistern. Arbeiten von ihm wurden in pädagogischen Fachzeitschriften veröffentlicht. Er wünscht sich selbstbewusste Schüler, die kreativ mit Mathematik umgehen, ihre Sinnhaftigkeit erkennen sowie Freude daran haben. Mark ist ein leidenschaftlicher Leser, der gern über Bücher diskutiert und von anderen lernt. Ihm ist wichtig, dass jeder sich einbezogen fühlt und sein volles Potenzial erreichen kann. Dies war Marks erstes Kinderbuch. Sein zweites Buch, Mein Garten ist ein Viereck, erschien ebenfalls bei TBR Books. Geschrieben hat er es zusammen mit Barbara Schindelhauer.
Mark Hansen freut sich über Fragen und Austausch unter:
mathsclassrenos@outlook.com

Mark Hansen und Barbara Schindelhauer
Mein Garten ist ein Viereck - Zu Besuch bei den Zahlen und Formen bis Zehn
TBR Books 2024

TBR Books gehört zum Center for the Advancement of Languages, Education, and Communities (CALEC), einer Non-Profit-Organisation mit dem Fokus auf Multilingualität, kulturübergreifender Verständigung und der Verbreitung von Ideen. Unsere Mission ist es, multilinguale Familien und Sprachengemeinschaften durch Bildung, Wissen und Unterstützung zu fördern. Besuchen Sie uns unter www.calec.org

Mit Unterstützung des
German American Partnership Program (GAPP)

www.ingramcontent.com/pod-product-compliance
Lightning Source LLC
LaVergne TN
LVHW070153230826
846093LV00002B/18
9781636074160